PENSÉES
D'UN CITOYEN

SUR

L'AMOUR DE LA PATRIE,

PUBLIÉES

PAR J.-A. BARDE.

Le patriotisme est le plus fort lien
du faisceau social.

DICT. DE BOISTE.

PARIS,

CHEZ LES MARCHANDS DE NOUVEAUTÉS,

1822.

PENSÉES D'UN CITOYEN

SUR

L'AMOUR DE LA PATRIE.

Quelques critiques ont reproché à notre langue de s'appauvrir en s'épurant. Ce reproche est peut-être fondé sur la vérité.

Qu'avait de bas ou de dur le mot de *Patrie* pour le retrancher de notre langue ? On ne l'entend presque plus ; et si, animés d'un zèle patriotique, les mandataires de la saine partie du peuple osent le prononcer à la tribune, une majorité.... on sait bien quelle majorité couvre leurs voix par les cris « à l'ordre !... à l'ordre !... la clôture !... » cris scandaleux, qui entravent la marche des améliorations administratives et arrêtent le progrès de nos institutions sociales.

Je demande à ce citoyen dont l'aspect est toujours hostile, même au sein des plaisirs et des fêtes : Quel est votre emploi ? « Je sers le Roi. » Et pourquoi pas la Patrie ? Fénélon nous dit que le Roi lui-même est fait pour la servir.

Le mot de PATRIE ! quelle fortune ne fit-il pas chez les Grecs et les Romains ! deux nations qui se piquèrent de politesse autant dans le langage que dans les mœurs. C'est un des premiers mots que les enfants bégayaient. Il était l'ame des conversations et le cri de guerre. Il embellissait la poésie, il échauffait les orateurs, il présidait au sénat; il retentissait au théâtre et dans les assemblées du peuple; il était gravé sur les monuments publics. Rome le reçut d'Athènes et lui conserva toute sa gloire. Rome nous l'a transmis; PATRIA, *Patrie.*

Nos aïeux en firent grand usage. Ces Francs de la première race, tout barbares qu'ils étaient, le prononçaient souvent dans leurs assemblées au champ de Mars. Eh ! quel autre mot y serait-il venu plus naturellement? tandis que de concert avec le souverain, on faisait des lois, on décidait de la paix ou de la guerre, on partageait les dépouilles de l'ennemi ; on réglait les contributions; on balançait tous les intérêts publics.

Les siècles suivants l'employèrent avec une ardeur égale : Charlemagne, Charles V , Louis XII, Henri IV se disaient Pères de la *Patrie.* Mais ce ce mot se perdit sous le ministère du cardinal de Richelieu. Il est bien étonnant que le fondateur de l'Académie française, qui devait tant aimer les mots énergiques, les mots pleins d'une noble beauté, ait laissé périr celui de Patrie ! Colbert était bien fait pour le rétablir ; mais il se méprit : il crut que *Royaume* et *Patrie* étaient synonymes.

On dit aujourd'hui l'*Etat*, le *Royaume*, la *France*, et l'on oublie la Patrie ! Cependant, je le demande à l'oreille la moins sensible à l'harmonie, au cœur le plus indifférent aux impressions sensibles : lequel de ces quatre termes les flatte-t-il le plus ? La *France* ne présente à l'esprit qu'une portion de la terre divisée en tant de départements, arrosée de tant de fleuves. L'*Etat* ne dit autre chose qu'une société d'hommes qui vivent sous un gouvernement quelconque, heureux ou malheureux. Ces républicains austères qui firent tant de bruit dans le monde par leurs victoires et leurs vertus, ces républicains donnaient au mot de *Royaume* la signification de *tyran* et d'*esclaves*. Disons mieux qu'eux : *Royaume* veut dire un *roi* et des *sujets*. Mais le mot Patrie qui vient du mot *Pater*, exprime un *père* et des *enfants*.

Cicéron, cet orateur célèbre, si habile dans le choix des mots, trouvait celui de *Patrie* si tendre, si humain, si harmonieux, qu'il le préférait à tout autre lorsqu'il parlait des intérêts publics. Cependant, notre langue est près d'en être dépouillée; et, sans beaucoup approfondir, on en devine la cause. Il est évident que nous naissons tous avec des inclinations et des penchants différents. Tel, connaissant la dignité et la destination de son être, invoque les bienfaits d'une liberté sage. Tel autre, né vil et rampant, traîne ses fers par habitude, baise avec complaisance la main qui les rive, et s'effarouche au seul mot de *liberté;* celui-ci appartient à l'opinion dominante; et cette opinion, qu'il ne faut pas confondre avec l'opinion publique, refoule les mots sacrés qui ont concouru à renverser le colosse féodal. Mais, quoi qu'on fasse, si l'on peut nous interdire l'usage des mots, on ne saurait descendre au fond de nos ames pour en arracher le sentiment.

Qu'est-ce que la PATRIE? je le demande à certains dictionnaires de la langue, et ils me répondent que *c'est le pays, l'état où l'on est né.* Froide définition! Un pays qui n'aurait que ce rapport unique avec ses habitants, mériterait-il le nom de *Patrie?* Quelques écrivains vont plus loin. Les uns disent que « l'amour » de la *Patrie* est une passion rarement fine et ingé- » nieuse, une fureur qui ne laisse rien aux mouve- » ments de la nature. » D'autres osent avancer que » la *Patrie* est une vision, et dire que les anciens

» étaient fortement infatués de l'amour de leur *Pa-*
» *trie.* »

Il n'est, certes pas difficile de répondre à ces contre-sens.

« L'amour de la PATRIE est une passion rarement
» fine et ingénieuse ! » Il est bien question de finesse
et de bel esprit quand on parle de *Patrie :* Brutus,
en donnant une patrie aux Romains, n'employa que
la sagesse et le courage.

« L'amour de la PATRIE est une fureur qui ne
» laisse rien aux mouvements de la nature ! » Ce
même Brutus, il est vrai, fit trancher la tête à ses
deux fils ; mais cette action ne paraît dénaturée
qu'aux ames faibles. Sans la mort des deux traîtres,
la patrie expirait au berceau !

« La PATRIE est une vision ! » Pour qui ? pour
l'égoïste, dont la sphère est le *moi,* et qui serait
fâché de s'occuper du bien d'autrui.

« Les anciens étaient fortement infatués de l'amour
» de leur PATRIE ! » J'aimerais autant qu'on me dît,
que les enfants sont infatués de l'amour de leur mère.

« Les anciens ne fesaient point de lexiques ; mais
» ils nous en ont fourni la matière. Consultons-les,
» et nous apprendrons que le vrai sens du mot *Patrie,*
» est magnifique ; qu'il n'y a rien de si aimable, de

» si sacré que la Patrie; qu'on se doit tout entier à
» elle; qu'il n'est pas plus permis de s'en venger que
» de son père; qu'on ne doit avoir d'amis que ceux
» de la Patrie; qu'il est beau, qu'il est doux de
» combattre et de mourir pour elle. »

Ainsi parlaient les magistrats et le peuple. Quelle idée se formaient-ils donc de la Patrie?

La Patrie, disaient-ils, est un vaste champ où chacun peut moissonner selon ses besoins et son travail. C'est une terre que tous les habitants sont intéressés à conserver; qu'on ne saurait quitter sans émotion, parce que notre bonheur nous y attache, et où l'étranger proscrit cherche un asile. La Patrie est une mère qui chérit tous ses enfants, qui ne les distingue qu'autant qu'ils se distinguent eux-mêmes par leurs talents ou leurs vertus; qui veut bien qu'il y ait de l'opulence et de la médiocrité, mais point de pauvres; des grands et des petits, mais personne d'opprimé; qui, même dans ce partage inégal, conserve une espèce d'égalité en ouvrant à tous le chemin des premières places; qui ne souffre aucun mal dans sa famille que ceux que la nature impose à l'humanité. La Patrie est aussi ancienne que la société, fondée sur la nature et l'ordre; une puissance supérieure à tous les pouvoirs qu'elle établit dans son sein : elle soumet à ses lois ceux qui commandent en son nom , comme ceux qui obéissent. C'est une divinité qui n'accepte des offrandes que pour les répandre; qui demande plus d'amour que de respect, plus d'attachement que de crainte ; qui sourit en faisant du bien , qui soupire en lançant la foudre.

Telle est la PATRIE ! Un mot si beau, je le demande à l'Académie, cette règle vivante de la langue; je le demande aux écrivains modernes, un mot si harmonieux, si plein de sens et d'expression, doit-il être oublié, doit-il être proscrit?

Si nous vivions sous le despotisme oriental, où l'on ne connaît d'autres lois que la volonté du souverain, d'autres principes de gouvernement que la terreur; où aucune fortune n'est en sûreté; alors , n'ayant point de *Patrie*, nous serions excusables d'en ignorer le nom.

Les Grecs commencèrent à l'oublier sous le joug de Philippe. Plusieurs siècles se sont écoulés depuis la perte de leur *Patrie*. Mais, ô prodige! à son souvenir, comme guidés par une puissance invisible, et n'ayant pour tout auxiliaire qu'une volonté forte, les descendants des Spartiates secouent le joug des barbares Ottomans. Ils courent tous les dangers;

mais ils veulent reconquérir leur *Patrie*, et le triom-
phe doit être le prix de leur noble courage. Fesons
des vœux pour la régénération de la Grèce, et aban-
donnons au silence des réflexions que les circons-
tances ne nous permettent pas d'écrire.....

Rome qui avait prononcé si souvent et si long-
temps le mot de *Patrie*, l'oublia sous Tibère. Et
comment s'en serait-elle souvenue ! On voyait le
brigandage uni avec l'autorité, le manége et l'intrigue
disposer de tout; toutes les richesses, fruit de spo-
liations iniques, dans les mains d'un petit nombre;
un luxe excessif insulter à l'extrême pauvreté; le la-
boureur ne regarder son champ que comme un pré-
texte à la vexation; chaque citoyen réduit à oublier le
bien général pour ne s'occuper que du sien. Tous les
principes du gouvernement étaient corrompus.....
Toutes les lois pliaient au gré du souverain, qui les
interprétait..... Les impôts prélevés sans règle ni
mesure, étaient tournés au profit des gouvernants ou
des satellites qui partageaient leurs crimes..... Plus
de force dans le sénat; plus de sûreté pour les par-
ticuliers. Des sénateurs qui auraient voulu défendre
la liberté publique, auraient risqué la leur.... L'acte
le plus innocent était imputé à crime..... Le signe
le plus isolé de la politique était suspect.... Reven-

diquer ses droits, c'était conspirer.... Ce n'était plus enfin qu'une tyrannie sourde, exercée à l'ombre des lois; et malheur à qui s'en apercevait ! Représenter ses craintes, c'était les redoubler. Tibère, endormi par les plaisirs, dans son île de Caprée, laissait faire; et Séjan, ministre bien digne d'un tel maître, fit tout ce qu'il fallait pour anéantir la PATRIE.

Dans une position si déplorable, les Romains pouvaient-ils conserver un mot qui n'avait plus d'application? Mais nous qui nous enorgueillissions naguère d'être la Grande Nation; nous qui nous vantons en quelque sorte d'être heureux, quoiqu'un ministre ait eu l'insolence de proclamer du haut de la tribune l'humiliant arbitraire subversif de toute équité; nous qui nous préférons à des nations voisines, chez qui le mot de PATRIE est en honneur, rétablissons donc ce mot qui est la véritable expression du bonheur, et qui justifiera cette préférence de nous-mêmes !

AUX GRANDS HOMMES
LA PATRIE RECONNAISSANTE !

Telle était l'inscription qui ornait la principale façade du Panthéon Français, monument digne des beaux jours de Rome, séjour éloquent des restes de Voltaire et de Rousseau. Aujourd'hui, mes yeux y cherchent en vain leurs cendres : elles ont disparu

avec ces mots où se rattachaient tant et de si glo-
rieux souvenirs..... Semblable aux ruines de Rome,
j'y trouve encore les traces de l'inscription ; mais il
échappe à mon intelligence de reconnaître la place
où se trouvait le mot PATRIE ! ! !

Il n'en est pas de ce mot, comme de ceux que
des écrivains font passer dans le discours. Pour lui
rendre son antique ou sa récente splendeur, il faudrait un l'*Hôpital*, un *Sully*, un *Carnot !*

On a grand soin dans les écoles publiques, sur-
tout chez les Ignorantins, de cacher la lumière sous
le boisseau, et de ne parler aux enfants que de Dieu
et du Roi. Ne pourrait-on pas leur dire aussi que
Dieu est le créateur de la PATRIE, et que le Roi doit
en être le *Père.*

Le mot de *Patrie* est, par son essence, la base
fondamentale de toute bonne éducation. On ne saurait donc jamais trop le rappeler aux jeunes citoyens.

Il faudrait même instruire, fortifier ce sexe aimable, qui ne se croit destiné qu'à plaire. Les femmes
de Rome et d'Athènes cherchaient aussi à plaire ;
mais elles ne croyaient y parvenir qu'en joignant aux
grâces un zèle ardent pour la PATRIE. «Va, mon
» fils, disait l'une : arme-toi, et ne reviens qu'avec
» ton bouclier ou sur ton bouclier; c'est-à-dire,

» vainqueur ou mort. Console-toi , disait une autre
» au sien, console-toi de la jambe que tu as perdue :
» chaque pas que tu feras te rappellera que tu as
» défendu la PATRIE. »

Quel vaste champ de gloire le mot de *Patrie* ne
nous ouvrit-il pas dans les beaux jours de notre ré-
volution ! Phalanges immortelles, vous arrosâtes de
votre sang les sables brûlans de l'Egypte et les campagnes fertiles de l'Italie. Les Pyramides et Marengo
furent les témoins irrécusables de votre valeur et de
vos triomphes. La PATRIE vous a dû l'éclat dont elle
brillait , et les lauriers qui l'embellissaient attestaient
sa force morale et sa puissance politique..... Pourquoi faut-il donc que nous prononcions ces mots si
accablants : « Quelques traîtres de moins, et nous
» jouirions encore du fruit de nos victoires !..... »

La terre que nous habitons égale le sol de l'Italie
et surpasse celui de la Grèce : des campagnes fertiles , un peuple laborieux, un ciel favorable , des
fleuves et des mers, un commerce étendu, tous les
arts utiles et agréables ; que de biens au-delà de nos
besoins ! Qu'attendons-nous donc pour dire que nous
avons une PATRIE ? Si nous avons la chose , pourquoi
ne pas avoir le mot?

Pour moi, je ne vois rien au-dessus de la Patrie : c'est pour elle seule que brûlera toujours mon encens.

BARDE.

LYON, IMPRIMERIE DE FR. MISTRAL.